Todos los libros de Linkgua Ediciones cuentan con modelos de Inteligencia Artificial entrenados por hispanistas. Pregúntale al chat de tu libro lo que desees acerca de la obra o su autor/a.

Para **ebooks:** Accede a nuestro modelo de IA a través de un enlace.

Para **libros impresos:** Escanea el código QR de la portada con tu dispositivo móvil.

Obtén análisis detallados de nuestros libros, resúmenes, respuestas a tus preguntas y accede a nuestras ediciones críticas generativas para una experiencia de lectura más enriquecedora.
La transparencia y el respeto hacia la autoría de las fuentes utilizadas son distintivos básicos de nuestro proyecto. Por ello, las respuestas ofrecen, mediante un sistema de citas, las fuentes con las que han sido elaboradas.

Autores varios

Constitución colonial de las islas de Cuba y Puerto Rico

Barcelona 2025
Linkgua-ediciones.com

Créditos

Título original: Constitución colonial de las islas de Cuba y Puerto Rico.

e-mail: info@linkgua.com

Diseño de la colección: Michel Mallard.

ISBN rústica ilustrada: 978-84-9897-418-8.
ISBN ebook: 978-84-9816-688-0.

Sumario

Constitución Autonómica de 1897

25 de noviembre de 1897

REAL DECRETO:

De acuerdo con el parecer de mi Consejo de Ministros:

En nombre de mi Augusto hijo, el Rey Don Alfonso XIII, y como Reina Regente del Reino, vengo en decretar lo siguiente:

Título primero. Del Gobierno y Administración de las islas de Cuba y Puerto Rico

Artículo 1. El Gobierno y Administración de las Islas de Cuba y Puerto Rico se regirá en adelante con arreglo a las siguientes disposiciones.

Artículo 2. El Gobierno de cada una de las Islas se compondrá de un Parlamento Insular, dividido en dos Cámaras y de un Gobernador General, representante de la Metrópoli, que ejercerá en nombre de ésta la Autoridad suprema.

Título segundo. De las Cámaras Insulares

Artículo 3. La facultad de legislar sobre los asuntos coloniales en la forma y en los términos marcados por las Leyes corresponde a las Cámaras Insulares con el Gobernador General.

Artículo 4. La representación insular se compone de dos Cuerpos iguales en facultades: la Cámara de Representantes y Consejo de administración.

Título tercero. Del Consejo de Administración

Artículo 5. El Consejo se compone de treinta y cinco individuos, de los cuales dieciocho serán elegidos en la forma indicada en la Ley electoral, y los otros diecisiete serán designados por el Rey y a su nombre por el Gobernador General, entre los que reúnan las condiciones enumeradas en los Artículos siguientes.

Artículo 6. Para tomar asiento en el Consejo de Administración se requiere:

1. Ser español;

2. Haber cumplido treinta y cinco años;

3. Haber nacido en la Isla o llevar en ella cuatro años de residencia constante;

4. No estar procesado criminalmente;

5. Hallarse en la plenitud de los derechos políticos;

6. No tener sus bienes intervenidos y no tener participación en contratos con el Gobierno Central o con el de la Isla. Los accionistas de las Sociedades Anónimas no se considerarán contratistas del Gobierno, aun cuando lo sean las Sociedades a que pertenezcan.

Artículo 7. Podrán ser elegidos o designados Consejeros de Administración los que, además de las condiciones generales señaladas en el **Artículo** anterior, tengan alguna de las especiales siguientes:

1. Poseer con dos años de antelación renta propia anual de 2.000 pesos, procedente de bienes inmuebles que radiquen en la Isla;

2. Ser o haber sido Senador del Reino o tener las condiciones que para ejercer dicho cargo señala el Título III de la Constitución:

a) Presidente del Consejo de Secretarios del Despacho;

b) Presidente o Fiscal de la Audiencia de La Habana;

c) Rector de la Universidad de la misma;

d) Consejero de Administración del antiguo Consejo de este nombre;

e) Presidente de la Cámara de Comercio de la capital;

f) Presidente de la Sociedad Económica de Amigos del País, de La Habana;

g) Presidente del Círculo de Hacendados;

h) Presidente de la Unión de Fabricantes de Tabacos;

i) Presidente de la Liga de Comerciantes, Industriales y Agricultores de Cuba

j) Presidente de la Academia de Ciencias de La Habana;

k) Decano del Ilustre Colegio de Abogados de la capital;

l) Alcalde de La Habana, si el Ayuntamiento procediere de elección popular;

m) Presidente de Diputación Provincial, si ésta fuera de elección popular;

n) Deán de cualquiera de los Cabildos catedrales;

3. Podrán igualmente ser elegidos o designados los que figuren en las listas de los cincuenta mayores contribuyentes por territorial o en la de los cincuenta primeros por comercio, profesiones, industria y artes.

Artículo 8. El nombramiento de los Consejeros de la Corona que se designen se hará por Decretos especiales, en los cuales se expresará siempre el título en que el nombramiento se funda.

Los Consejeros así nombrados ejercerán el cargo durante su vida.

Los Consejeros electivos se renovarán por mitad cada cinco años, y en totalidad cuando el Gobernador General disuelva el Consejo de Administración.

Artículo 9. Las condiciones necesarias para ser nombrado o elegido Consejero de Administración podrán variarse por una Ley del Reino, a petición o propuesta de las Cámaras Insulares.

Artículo 10. Los Consejeros de Administración no podrán admitir empleo, ascenso que no sea de escala cerrada, título ni condecoración mientras estuviesen abiertas las sesiones; pero tanto el Gobierno local como el central podrán conferirles, dentro de sus respectivos empleos o categorías, las comisiones que exija el servicio público. Exceptúase de lo dispuesto en los párrafos anteriores el cargo de Secretario del Despacho.

Título cuarto. De la Cámara de Representantes

Artículo 11. La Cámara de Representantes se compondrá de los que nombren las Juntas electorales en la forma que determina la Ley y en la proporción de uno por cada 25.000 habitantes.

Artículo 12. Para ser elegido Representante se requiere ser español, de estado seglar, mayor de edad, gozar de todos los derechos civiles, ser nacido en la Isla de Cuba o llevar cuatro años de residencia en ella y no hallarse procesado criminalmente.

Artículo 13. Los Representantes serán elegidos por cinco años y podrán ser reelegidos indefinidamente.

La Cámara Insular determinará con qué clase de funciones es incompatible el cargo de Representante y los casos de reelección.

Artículo 14. Los Representantes a quienes el Gobierno Central o el local confieran pensión, empleo, ascenso que no sea de escala cerrada, comisión con sueldo, honores o condecoraciones, cesarán en su cargo sin necesidad de declaración alguna si dentro de los quince días inmediatos a su nombramiento no participan a la Cámara la renuncia de la gracia.

Lo dispuesto en el párrafo anterior no comprende a los Representantes que fueren nombrados Secretarios del Despacho.

Título quinto. De la manera de funcionar las Cámaras Insulares y de las relaciones entre ambas

Artículo 15. Las Cámaras se reúnen todos los años. Corresponde al Rey, y en su nombre al Gobernador General, convocarlas, suspender, cerrar sus sesiones y disolver separada o simultáneamente la Cámara de Representantes y el Consejo de Administración, con la obligación de convocarlas de nuevo o de renovarlas dentro de tres meses.

Artículo 16. Cada uno de los Cuerpos Colegisladores formará su respectivo reglamento y examinará así las calidades de los individuos que componen como la legalidad de su elección.

Mientras la Cámara de Representantes y el Consejo de Administración no hayan aprobado a su Reglamento, se regirán por el del Congreso de los Diputados o por el del Senado, respectivamente.

Artículo 17. Ambas Cámaras nombrarán su Presidente, vicepresidente y Secretarios.

Artículo 18. No podrá estar reunido uno de los dos Cuerpos Colegisladores sin que también lo esté el otro.

Artículo 19. Las Cámaras Insulares no pueden deliberar juntas ni en presencia del Gobernador General. Sus sesiones serán públicas, aun cuando en los casos que exijan reserva podrá cada una celebrar sesión secreta.

Artículo 20. Al Gobernador General, por medio de los Secretarios del Despacho, corresponde, lo mismo que a cada una de las dos Cámaras, la iniciativa y proposición de los estatutos coloniales.

Artículo 21. Los estatutos coloniales sobre contribuciones y crédito público se presentarán primero a la Cámara de Representantes.

Artículo 22. Las resoluciones en cada alto de los Cuerpos Colegisladores se toman con pluralidad de votos; pero para votar acuerdos de carácter legislativo se requiere la presencia de la mitad más uno del número total de individuos que lo componen. Bastará, sin embargo, para deliberar la presencia de la tercera parte de los miembros.

Artículo 23. Para que una resolución se entienda votada por el Parlamento Insular, será preciso que haya sido aprobada en iguales términos por la Cámara de Representantes y por el Consejo de Administración.

Artículo 24. Los estatutos coloniales, una vez aprobados en la forma descrita en el **Artículo** anterior, se presentarán al Gobernador General por las mesas de las Cámaras respectivas para su sanción y promulgación.

Artículo 25. Los Consejeros de Administración y los individuos de la Cámara de Representantes son inviolables por sus opiniones y votos en el ejercicio de su cargo.

Artículo 26. Los Consejeros de Administración no podrán ser procesados ni arrestados sin previa resolución del Consejo, sino cuando sean hallados in fraganti o cuando aquél no esté reunido; pero en todo caso se dará cuenta a este Cuerpo lo más pronto posible para que determine lo que corresponda. Tampoco podrán los Representantes ser procesados ni arrestados durante las sesiones sin permiso de la Cámara, a no ser hallados in fraganti; pero en este caso, y en el de ser procesados o arrestados cuando estuvieren cerradas las Cámaras, se dará cuenta lo más pronto posible a la de Representantes para su conocimiento y resolución. La Audiencia pretorial de La Habana conocerá de las causas criminales contra los Consejeros y Representantes en los casos y en la forma que determinen los Estatutos Coloniales.

Artículo 27. Las garantías consignadas en el **Artículo** anterior no se aplicarán a los casos en que el Consejero o Representante se declare autor de artículos, libros, folletos, impresos de cualquier clase en los cuales se invite o provoque a la sedición militar, se injurie o calumnie al Gobernador General o se ataque la integridad nacional.

Artículo 28. Las relaciones entre las Cámaras se regularán, mientras otra causa no se disponga, por la Ley de relaciones entre ambos Cuerpos Colegisladores, de 19 de julio de 1837.

Artículo 29. Además de la potestad legislativa colonial, corresponde a las Cámaras Insulares:

1. Recibir al Gobernador General el juramento de guardar la Constitución y las leyes que garantizan la autonomía de la Colonia;

2. Hacer efectiva la responsabilidad de los Secretarios del Despacho, los cuales, cuando sean acusados por la Cámara de Representantes, serán juzgados por el Consejo de Administración;

3. Dirigirse al Gobierno Central por medio del Gobernador General para proponerle la derogación o modificación de las leyes del Reino vigentes, para invitarle a presentar proyectos de Ley sobre determinados asuntos o para pedirle resoluciones de carácter ejecutivo en los que interesen a la Colonia.

Artículo 30. En todos los casos en que, a juicio del Gobernador General, los intereses nacionales puedan ser afectados por los Estatutos coloniales, precederá a la presentación de los proyectos de iniciativa ministerial su comunicación al Gobierno Central. Si el proyecto naciera de la iniciativa parlamentaria, el Gobierno colonial reclamará el aplazamiento de la discusión hasta que el Gobierno Central haya manifestado su juicio.

En ambos casos, la correspondencia que mediare entre los dos Gobiernos se comunicará a las Cámaras y se publicará en la Gaceta.

Artículo 31. Los conflictos de jurisdicción entre las diferentes asambleas municipales, provinciales e insular, o con el Poder Ejecutivo, que por su índole no fueran referidas al Gobierno Central, se someterán a los Tribunales de Justicia, con arreglo a las disposiciones del presente Decreto.

Título sexto. De las facultades del Parlamento Insular

Artículo 32. Las Cámaras Insulares tienen facultad para acordar sobre todos aquellos puntos que no hayan sido especial y taxativamente reservados a las Cortes del Reino o el Gobierno Central, según el presente Decreto o lo que en adelante se dispusiere, con arreglo a lo preceptuado en el **Artículo** 2 adicional.

En este sentido, y sin que la enumeración suponga limitación de sus facultades, les corresponde estatuir sobre cuantas materias y asuntos incumben a los Ministerios de Gracia y Justicia, Gobernación, Hacienda y Fomento, en sus tres aspectos de Obras Públicas, Instrucción y Agricultura.

Les corresponde además el conocimiento privativo de todos aquellos asuntos de índole puramente local que afecten principalmente al territorio colonial; y en este sentido podrán estatuir sobre la organización administrativa, sobre división territorial, provincial, municipal o judicial; sobre sanidad marítima o terrestre; sobre crédito público, bancos y sistema monetario.

Estas facultades se entienden sin perjuicio de las que sobre las mismas materias correspondan, según las Leyes, al Poder Ejecutivo Colonial.

Artículo 33. Corresponde igualmente al Parlamento Insular formar los reglamentos de aquellas leyes votadas por las Cortes del Reino que expresamente se le confíen. En este sentido le compete muy especialmente, y podrá hacerlo desde su primera reunión, estatuir sobre el procedimiento electoral, formación del Censo, calificación de los electores y manera de ejercitar el sufragio, pero sin que sus disposiciones puedan afectar al derecho del ciudadano, según le está reconocido por la Ley Electoral.

Artículo 34. Aun cuando las Leyes relativas a la Administración de Justicia, de organización de los Tribunales son de carácter general y obligatorias, por tanto, para, la Colonia, el Parlamento Colonial podrá, con sujeción a ellas, dictar las reglas y proponer al Gobierno Central las medidas que faciliten el ingreso, conservación y ascenso en los Tribunales locales de los naturales de la Isla, o de los que en ella ejerzan la profesión de Abogados.

Al Gobernador General en consejo corresponden las facultades que, respecto al nombramiento de los funcionarios, subalternos y auxiliares del orden judicial y demás asuntos con la Administración de Justicia relacionados, ejerce hoy el Ministro de Ultramar, en cuanto a la Isla de Cuba se refiere.

Artículo 35. Es facultad exclusiva del Parlamento Insular la formación del presupuesto local, tanto de gastos como de ingresos, y del de ingresos necesarios para cubrir la parte que a la Isla corresponda en el presupuesto nacional.

Al efecto, el Gobernador General presentará a las Cámaras, antes del mes de enero de cada año, el presupuesto correspondiente al ejercicio siguiente, dividido en dos partes:

1. La primera contendrá los ingresos necesarios para cubrir los gastos de la soberanía;

2. La segunda, los gastos e ingresos propios de la administración colonial.

Ninguna de las Cámaras podrá pasar a deliberar sobre el presupuesto colonial sin haber votado definitivamente la parte referente a los gastos de Soberanía.

Artículo 36. A las Cortes del Reino corresponde determinar cuáles hayan de considerarse por su naturaleza gastos obligatorios inherentes a la soberanía y fijar además cada tres años su cuantía y los ingresos necesarios para cubrirlos, salvo siempre el derecho de las mismas Cortes para alterar esta disposición.

Artículo 37. La negociación de los tratados de comercio que afecten a la Isla de Cuba, bien se deban a la iniciativa del Gobierno Insular, bien a la del Gobierno Central, se llevará siempre por éste, auxiliado en ambos casos por delegados especiales debidamente autorizados por el Gobernador colonial, cuya conformidad con los convenidos se hará constar al presentarlos a las Cortes del Reino.

Estos Tratados, si fueren aprobados por éstas, se publicarán como leyes del Reino y como tales regirán en el territorio insular.

Artículo 38. Los Tratados de comercio en cuyas negociaciones no hubiese intervenido el Gobierno Insular, se le comunicarán en cuanto fueren leyes del Reino, a fin de que pueda, en un período de tres meses, declarar si desea o no adherirse a sus estipulaciones. En caso afirmativo, el Gobernador General lo publicará en la Gaceta como Estatuto colonial.

Artículo 39. Corresponderá también al Parlamento Insular la formación del arancel y la designación de los derechos que hayan de pagar las mercancías, tanto a su importación en el territorio insular como a la exportación del mismo.

Artículo 40. Como transición del régimen actual al que ahora se establece, y sin perjuicio de lo que puedan convenir en su día los dos Gobiernos, las relaciones mercantiles entre la Península y la Isla de Cuba se regirán por las siguientes disposiciones:

1. Ningún derecho, tenga o no carácter fiscal y establézcase para la importación o la exportación, podrá ser diferencial en perjuicio de la producción insular o peninsular;

2. Se formará por los dos Gobiernos una lista de Artículos de procedencia nacional directa, a los cuales se les señalará, de común acuerdo, un derecho diferencial sobre sus similares de procedencia extranjera.

En otra lista análoga, formada por igual procedimiento, se determinarán los productos de procedencia insular directa, que habrán de recibir tanto privilegiado a su entrada en la Península y el tipo de los derechos diferenciales. Este derecho diferencial en ningún caso excederá para ambas procedencias del 35 por 100.

Si en la formación de ambas listas y en la fijación de los derechos protectores hubiera conformidad entre los dos Gobiernos, las listas se considerarán definitivas y se pondrán desde luego en vigor. Si hubiere discrepancia se someterá la resolución del punto litigioso a una comisión de Diputados del Reino, formada por iguales partes de cubanos y peninsulares. Esta comisión nombrará su presidente; si sobre su nombramiento no se llegara a un acuerdo presidirá el de más edad. El presidente tendrá voto de calidad;

3. Las tablas de las valoraciones relativas a los Artículos enumerados en las dos listas mencionadas en el número anterior se fijarán de común acuerdo y se revisarán contradictoriamente cada dos.

Las modificaciones que en su vista proceda hacer en los derechos arancelarios se llevarán desde luego a cabo por los respectivos Gobiernos.

Título séptimo. Del Gobernador General

Artículo 41. El Gobierno Supremo de la Colonia se ejercerá por un Gobernador General, nombrado por el Rey, a propuesta del Consejo de Ministros. En este concepto ejercerá como vicerreal patrono las facultades inherentes al Patronato de Indias; tendrá el mando superior de todas las fuerzas armadas de mar y tierra existentes en la Isla; será delegado de los Ministerios de Estado, Guerra, Marina y Ultramar; le estarán subordinadas todas las demás autoridades de la Isla y será responsable de la conservación del orden y de la seguridad de la Colonia.

El Gobernador General, antes de hacerse cargo de su destino, prestará en manos del Rey el juramento de cumplirlo fiel y lealmente.

Artículo 42. El Gobernador General, como representante de la Nación, ejercerá por sí, y auxiliado por su secretario, todas las funciones indicadas en el **Artículo** anterior y las que puedan corresponderle como delegado directo del Rey en los asuntos de carácter nacional.

Corresponde al Gobernador General como representante de la Metrópoli:

1. Designar libremente los empleados de su Secretaría;

2. Publicar, ejecutar y hacer que se ejecuten en la Isla las leyes, decretos, tratados, convenios internacionales y demás disposiciones emanadas del Poder legislativo, así como los decretos, reales órdenes y demás disposiciones emanadas del Poder Ejecutivo y que le fueran comunicados por los Ministerios de que es delegado. Cuando a su juicio y al de sus Secretarios del Despacho las resoluciones del Gobierno de Su Majestad pudieran causar daños a los intereses generales de la Nación o a los especiales de la Isla, suspenderán su publicación y cumplimiento, dando cuenta de ello y de las causas que motiven su resolución al Ministerio respectivo;

3. Ejercer la gracia de indulto a nombre del Rey, dentro de los límites que especialmente se le hayan señalado en sus instrucciones, y suspender las ejecuciones de pena capital cuando la gravedad de las circunstancias lo exigiesen o la urgencia no diere lugar a solicitar y obtener de Su Majestad el indulto, oyendo en todo caso el parecer de sus Secretarios del Despacho;

4. Suspender las garantías expresadas en los Artículos 4, 5, 6 y 9 y párrafos primero, segundo y tercero del **Artículo** 13 de la Constitución del Estado; aplicar la legislación de orden público y tomar cuantas medidas crea necesarias para conservar la paz en el interior y la seguridad en el exterior del territorio que le está confiado, oyendo previamente al Consejo de Secretarios;

5. Cuidar de que en la Colonia se administre pronta y cumplidamente la justicia, que se administrará siempre en nombre del Rey;

6. Comunicar directamente sobre negocios de política exterior con los Representantes, Agentes Diplomáticos y Cónsules de España en América.

La correspondencia de este género se comunicará íntegra y simultáneamente al Ministro de Estado.

Artículo 43. Corresponden; al Gobernador General, cono autoridad superior de la Colonia y Jefe de la Administración:

1. Cuidar de que sean respetados y amparados los derechos, facultades y privilegios reconocidos o que en adelante se reconozcan a la Administración Colonial;

2. Sancionar y publicar los acuerdos del Parlamento insular, los cuales les serán sometidos respectivamente por el Presidente y Secretarios de las Cámaras respectivas.

Cuando el Gobernador General entienda que un acuerdo del Parlamento Insular extralimita sus facultades, atenta a los derechos de los ciudadanos reconocidos en el Título Primero de la Constitución o a las garantías que para su ejercicio les han señalado las leyes, o compromete los intereses de la Colonia o del Estado, remitirá el acuerdo al Consejo de Ministros del Reino, el cual, en un período que no excederá de dos meses, lo aprobará o devolverá al Gobernador General, exponiendo los motivos que tenga para oponerse a su sanción y promulgación. El Parlamento Insular, en vista de estas razones, podrá volver a deliberar sobre el asunto y modificarle, si así lo estima conveniente, sin necesidad de proposición especial. Si transcurrieran dos meses sin que el Gobierno Central hubiera manifestado opinión sobre un acuerdo de las Cámaras que le hubiere sido transmitido por el Gobernador General, éste procederá a su sanción y promulgación;

3. Nombrar, suspender y separar a los empleados de la Administración Colonial a propuesta de los respectivos Secretarios del Despacho y con sujeción a las Leyes;

4. Nombrar y separar libremente los Secretarios del Despacho.

Artículo 44. Ningún mandato del Gobernador General, en virtud de su carácter de Representante y Jefe de la Colonia, puede llevarse a efecto si no está refrendado por un Secretario del Despacho, que por este solo hecho se hace de él responsable.

Artículo 45. Las Secretarías del Despacho serán cinco:

1. Gracia, Justicia y Gobernación;

2. Hacienda;

3. Instrucción Pública;

4. Obras Públicas y Comunicaciones;

5. Agricultura, Industria y Comercio.

La Presidencia corresponderá al Secretario que designe el Gobernador General, el cual podrá nombrar un Presidente sin Departamento determinado.

El aumento o disminución de las Secretarías del Despacho, así como la determinación de los asuntos que a cada una corresponde, pertenecen al Parlamento Insular.

Artículo 46. Los Secretarios del Despacho pueden ser individuos de la Cámara de Representantes o del Consejo de Administración y tomar parte en las discusiones de ambos cuerpos; pero solo tendrán voto en aquél a que pertenezcan.

Artículo 47. Los Secretarios del Despacho serán responsables de sus actos ante las Cámaras Insulares.

Artículo 48. El Gobernador General no podrá modificar o revocar sus propias providencias cuando hubiesen sido confirmadas por el Gobierno, fueren declaratorias de derechos, hubieren servido de base o sentencia judicial o contencioso-administrativa o versasen sobre su propia competencia.

Artículo 49. El Gobernador General no podrá hacer entrega de su cargo al ausentarse de la Isla sin expreso mandato del Gobierno. En casos de ausencia de la capital que le impidieren despachar los asuntos e imposibilidad de ejercerlo, podrá, designar la persona o personas que hubieren de sustituirlo, si el Gobierno no lo hubiese hecho de antemano o si en sus instrucciones no estuviera previsto el modo de hacer la sustitución.

Artículo 50. El Tribunal Supremo conocerá en única instancia de las responsabilidades definidas en el Código Penal que se imputaren al Gobernador General.

De las responsabilidades en que incurra conocerá el Consejo de Ministros.

Artículo 51. El Gobernador General, a pesar de lo dispuesto en los diferentes Artículos de este Decreto, podrá obrar por sí y bajo su responsabilidad sin audiencia de sus Secretarios del Despacho, en los siguientes casos:

1. Cuando se trata de la remisión al Gobierno de los acuerdos de las Cámaras insulares, especialmente cuando entienda que en ellos se atenta a los derechos garantidos en el Título Primero de la Constitución de la Monarquía o a las garantías que para su ejercicio han señalado las leyes;

2. Cuando haya de ponerse en ejecución la Ley de Orden Público, sobre todo si no hubiere tiempo o manera de comunicarlo al Gobierno Central;

3. Cuando se trate de la ejecución y cumplimiento de leyes del Reino sancionadas por Su Majestad y extensivas a todo el territorio español o al de su Gobierno.

Una Ley determinará el procedimiento y los medios de acción que en estos casos podrá emplear el Gobernador General.

Título octavo. Del régimen municipal y provincial

Artículo 52. La organización municipal es obligatoria en todo grupo de población superior a mil habitantes.

Los que no lleguen a esa cifra podrán organizar los servicios de carácter común por convenios especiales.

Todo Municipio legalmente constituido estará facultado para estatuir sobre la instrucción pública, las vías terrestres, fluviales o marítimas, la sanidad local, los presupuestos municipales y para nombrar y separar libremente sus empleados.

Artículo 53. Al frente de cada provincia habrá una Diputación, elegida en la forma que determinan los estatutos coloniales y compuesta de un número de individuos proporcional a su población.

Artículo 54. Las Diputaciones Provinciales son autónomas en todo lo referente a la creación y dotación de establecimientos de instrucción pública, servicios de beneficencia, vías provinciales terrestres, fluviales o marítimas, formación de sus presupuestos y nombramientos y separación de sus empleados.

Artículo 55. Tanto los Municipios como las Provincias podrán establecer libremente los ingresos necesarios para cubrir sus presupuestos, sin otra limitación que la de hacerlos compatibles con el sistema tributario general de la Isla. Los recursos del presupuesto provincial serán independientes de los del municipal.

Artículo 56. Serán Alcaldes y Tenientes de Alcalde los Concejales elegidos por los Ayuntamientos.

Artículo 57. Los Alcaldes ejercerán, sin limitación alguna, las funciones activas de la Administración Municipal, como ejecutores de los acuerdos de los Ayuntamientos y representantes suyos.

Artículo 58. Tanto Concejales como Diputados provinciales serán responsables civilmente de los daños y perjuicios causados por sus actos. Esta responsabilidad será exigible ante los Tribunales ordinarios.

Artículo 59. Las Diputaciones Provinciales nombrarán libremente sus presidentes.

Artículo 60. Las elecciones de Concejales y Diputados provinciales se harán de manera que las minorías tengan en ellas su legítima representación.

Artículo 61. La Ley Provincial y Municipal vigente en Cuba seguirá rigiendo en cuanto no se oponga a las disposiciones del presente Decreto, mientras el Parlamento Colonial no estatuya sobre estas materias.

Artículo 62. Ningún estatuto colonial podrá privar a los Municipios ni a las Diputaciones de las facultades reconocidas en los Artículos anteriores.

Título noveno. De las garantías para el cumplimiento de la Constitución Colonial

Artículo 63. Todo ciudadano podrá acudir a los Tribunales cuando entienda que sus derechos han sido violados o sus intereses perjudicados por los acuerdos de un Municipio o de una Diputación Provincial.

El Ministerio Fiscal, si a ello fuere requerido por los agentes del Poder Ejecutivo Colonial, perseguirá igualmente ante los Tribunales las infracciones de Ley o las extralimitaciones de facultades cometidas por los Ayuntamientos y Diputaciones.

Artículo 64. En los casos a que se refiere el **Artículo** anterior, serán Tribunales competentes para las reclamaciones contra los Municipios la Audiencia del territorio; y para las reclamaciones contra las Diputaciones Provinciales, la Audiencia Pretorial de La Habana.

Dichos Tribunales, cuando se triste de extralimitación de facultades de las referidas Corporaciones, resolverán en Tribunal Pleno. De las resoluciones de las Audiencias Territoriales podrá apelarse a la Audiencia Pretorial de La Habana, y de las de ésta al Tribunal Supremo del Reino.

Artículo 65. Las facultades concedidas en el **Artículo** 62 a todo ciudadano se podrán también ejercer colectivamente por medio de la acción pública, nombrando al efecto apoderado o representante.

Artículo 66. Sin perjuicio de las facultades que le están otorgadas en el título el Gobernador General, cuando lo estime conveniente, podrá acudir en su calidad de Jefe del Poder Ejecutivo Colonial ante la Audiencia Pretorial de La Habana, para que ésta dirima los conflictos de jurisdicción entre el Poder Ejecutivo Colonial y sus Cámaras legislativas.

Artículo 67. Si surgiera alguna cuestión de jurisdicción entre el Parlamento Insular y el Gobernador General en su calidad de Representante del Poder Central, dice a petición del primero no fuera sometida al Consejo de Ministros del Reino, cada una de las dos partes podrá someterla a la resolución del Tribunal Supremo del Reino, que resolverá en pleno y en una sola instancia.

Artículo 68. Las resoluciones que recaigan en los casos previstos en los Artículos anteriores se publicarán en la Colección de Estatutos Coloniales y formarán parte de la Legislación insular.

Artículo 69. Todo acuerdo municipal que tenga por objeto la contratación de empréstitos o deudas municipales carecerá de fuerza ejecutiva si no fuere aprobado por la mayoría de los vecinos, cuando así lo hubiere pedido la tercera parte de los Concejales.

Un estatuto especial determinará la cuantía del empréstito, o de la deuda que, según el número de vecinos que compongan el Ayuntamiento, será necesario para que tenga lugar el referéndum.

Artículo 70. Todas las disposiciones de carácter legal que emanen del Parlamento Colonial o de los Tribunales se compilarán con el nombre de Estatutos Coloniales en una colección legislativa, cuya formación y publicación estará confiada al Gobernador General como Jefe del Poder Ejecutivo Colonial.

Artículos adicionales

Artículo 1. Mientras no se hayan publicado en debida forma los Estatutos Coloniales, se entenderán aplicables las leyes del Reino a todos los asuntos reservados a la competencia del Gobierno Insular.

Artículo 2. Una vez aprobada por las Cortes del Reino la presente Constitución para las Islas de Cuba y Puerto Rico, no podrá modificarse sino en virtud de una ley y a petición del Parlamento Insular.

Artículo 3. Las disposiciones del presente Decreto se aplicarán íntegramente a la Isla de Puerto Rico; pero a fin de acomodarlas a su población y nomenclatura, se publicarán en Decreto especial para dicha Isla.

Artículo 4. Los contratos referentes a servicios públicos comunes Antillas y a la Península que están en curso de ejecución, continuarán en la forma actual hasta su terminación y se regirán en un todo por las condiciones del contrato.

Sobre los que aún no hubieran empezado a ejecutarse, pero estuvieran ya convenidos, el Gobernador General consultará al Gobierno Central o a las Cámaras Coloniales, en su caso, resolviéndose de común acuerdo entre los dos Gobiernos la forma definitiva en que hubieren de celebrarse.

Artículos transitorios

Artículo 1. A fin de llevar a cabo con la mayor rapidez posible y con la menor interrupción de los servicios la transición del sistema actual al que se crea por este Decreto, el Gobernador General, cuando crea llegado el momento oportuno, previa consulta al Gobierno Central, nombrará los Secretarios del Despacho a que se refiere el **Artículo** 45, y con ellos constituirá el Gobierno interior de la Isla de Cuba hasta la Constitución de las Cámaras Insulares. Los Secretarios nombrados cesarán en sus cargos al prestar el Gobernador General juramento ante las Cámaras Insulares, procediendo el Gobernador, acto continuo, a sustituirlos con los que a su juicio representen de la manera más completa las mayorías de la Cámara de Representantes y del Consejo de Administración.

Artículo 2. La manera de hacer frente a los gastos que origine la deuda que en la actualidad pesa sobre los tesoros español y cubano, y la que se hubiere contraído hasta la terminación de la guerra, será objeto de una ley en la cual se determinará la parte que corresponda a cada uno de los dos tesoros y los medios especiales para satisfacer sus intereses y amortización y reintegrar en su caso el capital.

Hasta que las Cortes del Reino resuelvan ese punto no se alterarán las condiciones en que hayan sido contratadas las referidas deudas, ni en el pago de los intereses y amortización, ni en las garantías de que disfruten, ni en la forma con que hoy se hacen los pagos.

Una vez hecha la distribución por las Cortes, corresponderá a cada uno de los tesoros el pago de la parte que respectivamente; se le haya asignado.

En ninguna eventualidad dejarán de ser escrupulosamente respetados los compromisos contraídos con los acreedores, bajo la fe de la Nación española.

Dado en Palacio, a 25 de noviembre de 1897.

MARÍA CRISTINA

El Presidente del Consejo de Ministros: PRÁXEDES MATEO SAGASTA

Libros a la carta

A la carta es un servicio especializado para
empresas,
librerías,
bibliotecas,
editoriales
y centros de enseñanza;
y permite confeccionar libros que, por su formato y concepción, sirven a los propósitos más específicos de estas instituciones.

Las empresas nos encargan ediciones personalizadas para marketing editorial o para regalos institucionales. Y los interesados solicitan, a título personal, ediciones antiguas, o no disponibles en el mercado; y las acompañan con notas y comentarios críticos.

Las ediciones tienen como apoyo un libro de estilo con todo tipo de referencias sobre los criterios de tratamiento tipográfico aplicados a nuestros libros que puede ser consultado en Linkgua-ediciones.com.

Linkgua edita por encargo diferentes versiones de una misma obra con distintos tratamientos ortotipográficos (actualizaciones de carácter divulgativo de un clásico, o versiones estrictamente fieles a la edición original de referencia).

Este servicio de ediciones a la carta le permitirá, si usted se dedica a la enseñanza, tener una forma de hacer pública su interpretación de un texto y, sobre una versión digitalizada «base», usted podrá introducir interpretaciones del texto fuente. Es un tópico que los profesores denuncien en clase los desmanes de una edición, o vayan comentando errores de interpretación de un texto y esta es una solución útil a esa necesidad del mundo académico.

Asimismo publicamos de manera sistemática, en un mismo catálogo, tesis doctorales y actas de congresos académicos, que son distribuidas a través de nuestra Web.

El servicio de «libros a la carta» funciona de dos formas.

1. Tenemos un fondo de libros digitalizados que usted puede personalizar en tiradas de al menos cinco ejemplares. Estas personalizaciones pueden ser de todo tipo: añadir notas de clase para uso de un grupo de estudiantes, introducir logos corporativos para uso con fines de marketing empresarial, etc. etc.

2. Buscamos libros descatalogados de otras editoriales y los reeditamos en tiradas cortas a petición de un cliente.

Printed in Poland
by Amazon Fulfillment
Poland Sp. z o.o., Wrocław

69735776R00023